Elise Henle

# So Mag I's

*Kochrecepte in schwäbischer Mundart - Eine Gabe für Bräute und junge*

*Frauen*

KOCHBUCH VERLAG

Elise Henle

**So Mag I's**

Kochrecepte in schwäbischer Mundart - Eine Gabe für Bräute und junge Frauen

ISBN/EAN: 9783944350431

Auflage: 1

Erscheinungsjahr: 2013

Erscheinungsort: Bremen, Deutschland

# So mag i's.

Kochrecepte in schwäbischer Mundart

von

## E. Henle.

### Eine Gabe
für Bräute und junge Frauen

oder

Jungfrauen, welche Beides werden wollen.

Zweite Auflage.

München.

Braun & Schneider.

# Vorred'.

—

Mädle horch'! Du wirscht a Frau —
Wenn net glei', so später —
D'rom¹) mußscht koche' könne' au',²)
's Sell³) verlangt a Jeder.
Denn dia⁴) Männer send e Corps,⁵)
Send Der oft wie b'sessa,
Liab und friad'⁶) und der Humor
Hänget ab vom Essa.
Zu Dei'm Beschte, Mädle, sag' i's,
Do ischt nix⁷) zom lacha,
Wenn Dei Mann Dir sagt: „So mag i's",
Muaßscht's em au' so macha.
Sell ischt wohr, so ischt es eba

---

¹) deshalb.  ²) auch.  ³) selbiges.  ⁴) die.  ⁵) schwä-
bischer Ausdruck für Gelichter.  ⁶) Frieden.  ⁷) nichts.

Hia im Schwobe'ländle,
Gegeseitig z'G'falle' leba
Hoißt's im Eheständle.
D'rom lern kocha, laß' Der's rathe,
Du bleibscht so net ledig
Und selbscht wenn De — kan's ner schade —
's Kocha des ischt nöthig!

———————

# Apfelkucha mit Rahm.

Mach' nö[1] en mürbe Taig, der isch
Am and're Tag so gut wie frisch.
Du brauchscht derzu a gotzigs[2] Ei,
A Viertel[3] Zucker nebabei,
A Viertel Butter, halb Pfond[4] Mehl
Und des isch älles, goscht[5] net fehl.
Des muaßjscht Du durchenander menga —
Nö jo net z'lang, sonscht bleibt Der's hänga.
Na' muaßjscht da Taig in d'Kälte stella,
Sonscht isch er waich und net zum wella.
Er reißt Der z'samm in lauter Stücke;
Schadt't aber nix, Du kanscht en flicke.
Des kommt nö von der Mürbe her,
Und 's Z'sammesetza isch net schwer.
Dann legscht'n in a Springblech' nei —
Des muß — verstöht se[6] — g'stricha sei'!
Streu's an' mit Mutschelmehl[7] guat aus,

---

[1] nur.  [2] einziges.  [3] 125 Gramm.  [4] 250 Gramm.
[5] gebit.  [6] versteht sich.  [7] Semmelmehl.

No gôht[1]) der Kucha besser 'raus. —
Jetzt schneid'scht Du g'schälte Äpfel auf
In nette Schnitz', und legscht se d'rauf,
Recht eng beisamme in der Rond[2])
Net nô oin Schnitz äll' ander' Stond'.[3])
Denn wo ma sotte[4]) Sacha spart,
Woischt Kind, do kriagt des Zeug koi' Art!
Streuscht Zucker d'rauf, und thuschts ins Rohr,
Und bachscht's e bisele zuvor.
D'rweil er bacht, richt's Güßle[5]) her:
A Viertel[6]) saura Rahm u'gfähr,
Zwoi Eier und a Gelb's vom Ei,
A Achtel[7]) Zucker — au' derbei;
Des rüahr' und kläppare d'rauf recht —
I sag Der nô, des ischt net schlecht! —
Wenn jetzt der Kucha halbist' bacha[8]),
Na nimm en raus; mußscht's Rohr aufmacha,
Und schüttst da Guß drauf' — des ischt fei'! —
No aber stellst en wieder nei',
Und laßt'n a schön's Färble kriaga —
Halt ebe bacha bis zum G'nüaga.
Wie lang? Weißscht des sind Übungssacha;

---

1) geht.  2) Runde.  3) Stund.  4) solche.  5) Guß.
6) ¼ Liter.  7) 60 Gramm.  8) gebacken.

Mer kann net eins wie's andre macha.
Do muaß ma halt sei Herdle kenna;
Des ziaht schlecht, des thuat äll's verbrenna.
Des kann mer net ins Kochbuch schmiera,
Des mußscht scho' selber ausstudiera.

———

Der Apfelkucha isch au' guat,
Wenn ma'n mit Kirscha macha thuat.

# Boeuf à la mode.

E' Fleisch, des g'hört auf jeden Tisch,
Ischt habhafter¹) als wie a Fisch;
Und Böflemod²) ischt delicat.
Des battet³) au — es ischt a Staat!
An Ochsafleisch vom Schwanzstück sei' —
Drei Pfündla⁴) nehm, des müaßet's sei' —
Denn nirgends sieht ma's gern, liabs Kind,
Wenn d'Bröta gar z' klei'winzig sind.
Au' muaß ma' d' Knauserei vermeida,
's Zugreifa net de Gäscht' verleida.
Und bleibt was übrig, bringt ma's frisch
Am Obe'd⁵) wieder auf da Tisch.
Das Schwanzstück klopfscht Du erscht recht tüchtig,
Na reibscht's mit Salz und Pfeffer richtig,
Thuascht Pfefferkörnla au' nö d'ra,
E Lorbeerblatt, en Knobelzah'⁶);
Au' Nägala⁷)' a bisle Zwiebel,

---

¹) kräftiger.   ²) Boeuf à la mode.   ³) gibt aus.   ⁴) 1 kg.
500 g.   ⁵) Abend.   ⁶) Knoblauchzahn.   ⁷) gewürzte Nelken.

8

Citronarädla sind net übel.
Nô schüttest Essig d'rüber glei[1]),
A Wasser aber au' d'rbei.
's muaß richtig d'rüber gehn die Beize —
J sag Der's, thu mer nô[2]) net geize!
So läßt's jetzt drei, vier Tägla steha,
Muaßscht aber älsfort dernach seha,
Und muaßscht's umkehra au' ällbot[3]),
Sonscht wird's auf einer Seite rot.
Jn dera Beize stellscht es na'[4])
Und kochscht's, so weich mers kocha ka',
Na brennscht e dunkels Mehle ei',
Und thuascht e paar Stück Zucker 'nei'[5]).
Mach's nô r e c h t dunkel, jo net z'hell,
Und lösch's mit Essig ab recht schnell.
Na gießscht die ganze Beize na'
Mit älle Zuthate, die d'ra'.
So kochscht's e halbe Stond womöglich;
Na seihscht[6]) es durch und thuascht nachträglich
Des Fleisch noch köchla[7]) in der Brüh[8]) —
Zu lang kocht's Böflemod gar nie,
Denn g'wärmt ischt's besser noch, wie frisch! —

---

[1]) gleich.   [2]) nur.   [3]) immerfort.   [4]) nun.   [5]) hinein.
[6]) durchseihen.   [7]) kochen.   [8]) sauce.

Laßscht's kocha, bis es fertig isch,
Bis's Mehle nimmer rausschmeckt — eba
Dia Sacha kann mer net a'geba.

Des Böflemod, Du des isch sei[1],
Da legscht Du g'wiß au Ehr mit ei'!
Guck[2], was Du kochscht, des koch au' recht;
Es ischt a Schand, wenn ebbes[3] schlecht.
D'rum gang[4] nö selbscht in d'Kuche naus,
Denn da derfür bischt d'Frau vom Haus.
Der Mann muß's zahle und, Potz Welt!
Der will was Gut's han[5] für sei' Geld!

---

[1] fein, gut, nobel.    [2] Schau.    [3] etwas.    [4] gebe
[5] haben.

# Chaud'eau.

Du klepperſcht 8 Eigelb — guck' ſo fangt mer a —
Und thuaſcht a paar Löffala Weißwein dra' na',
An kalta natürlich, ſonſcht könnt D'rs ja grinna[1]) —
Beim Kocha, dö muaß ma' ſich älleweil b'ſinna.
No reibſcht a Stück Zucker ab an'ra Citro'[2]),
Und druckſt an des Eigelb da Saft glei d'rvo'.
A Achtel Pfond Zucker derf's beiläufig ſei',
Dean muaßſcht aber ſiada nö glei mit em Wei' —
En Schoppe[3]) muaßſcht nema an Weiße, an Alta,
Sonſcht kanſcht koi' recht kräftigs Schodol' erhalta.
Des Weinle, des ſchütteſcht Du ſiadig an d'Eier;
Du muaßſcht's aber ſprudle[4]), ſonſcht iſchts net
geheuer.
Nö ſtellſcht des Schodole in's Häfale ſei'[5])
Jn a' Waſſa einſtweila, des kocha thuat, 'nei'.
Nö kurz, vor Da's a'richſcht, an Augablick kaum —
Dö ſprudelſts halt wieder, und ſei wird der Schaum.

---

[1]) gerinnen.   [2]) Citrone.   [3]) 1/4 Liter.   [4]) quirlen.
[5]) ſicher.                    •

11

Den Schodo, i' sag Der's, veracht' mer nô nit!
Den kannscht Du verwenda zu was Du nô witt[1],
Zu Auflaufs, zu Puddings und sonst süaße Speisa
Und Backwerk, probiers halt, es wird se gwiß weisa[2].
Es ischt ebbes Fei's, was Gut's so wia so,
Und wo nô e Fescht ischt, da gibts en Schodo.
Bei Taufe z. B. ... Narr, brauchscht De net ziera;
Sobald De verheirath't bischt, kann des passiera! —
Da mach Du en Schodo, die doppelt Portio',
Und, glaub mer's, es bleibt Der koi bisle dervo'.
Denn d' Leut könnet essa — es isch net zum saga,
Mer moint oft, se hättet a Loch d'rin im Maga.
Des aber macht gar ner[3]); für uns ischt's a Ehr;
Kommt nir naus als d' Schüßla und d' Schüßla
             sind leer.

---

[1] willst.   [2] zeigen.   [3] nichts.

## Dreierlei G'sälz.[1]

Drei Pfond[2] Kirscha nimmscht nach Haus —
Schwarze Kirscha — steinscht dia aus,
Kochscht se ei, muaßscht Achtung geba,
Mit 'me halb Pfond[3] Zucker eba.[4]
Und giaßt s', ist koi Brüah meh dra',
In an Topf von Porzela'.[5]

Auf des na' thuast Himbeer lesa,
Weil dö Würmer dra sind gwesa;
Weiter muaßscht die Träubla zopfa[6]
Von de Stiela sauber ropfa[7] —
Oi' und a' halb's Schöpple je
Nimmscht von jedem, und net meh! —
Nö nimmst a Pfond Zucker fei'
Und kochst s' grad wia d' Kerscha ei',
Schütt'st s' recht heiß d'rauf an dia na,

---

[1] Marmelade.  [2] 1½ Kilo.  [3] 250 Gramm.  [4] nur.
[5] Porzellan.  [6] Johannisbeeren zupfen.  [7] rupfen.

Daß ma ſ' leicht verrüahra ka'!
Wenn 's verfühlt iſcht, füll's ins Glas
Und bind 's zu glei mit 're Blaſ' —
's muß e Ochſeblaſe ſei!
Die legſcht in warm Waſſer nei,
Weil mer's feucht d'rauf bende[1] muß,
's gibt den feſchteſchte Verſchluß.
Aber auf des G'ſälzle nauf
Legſcht e Wachspapier erſcht drauf.

Horch![2] Des iſcht a' gutes G'ſälz;
Streich's auf Brod, ſo macht mer 's äls.
Glaub mer nô, des möget d'Kinder —
Und was hättſcht na oft im Winter?
D'Äpfel gehet z'letzt a aus;
Ebbes aber brauchſcht im Haus;
Denn ſind Kuche,[3] Keller leer,
No iſcht's halba letz'[4] auf Ehr!

---

[1] binden.    [2] Paß auf.    [3] Küche.    [4] gefehlt.

# Ebbire-Tort! [1]

Du rührscht a g'schlag'na halba Stond —
Des schadt D'r net und ischt D'r g'sond [2] —
An Viarling [3] Zucker, g'stoßa fei,
In siebe ganze Eigelb nei';
Na kommet d' Ebbire erscht nei',
Dia dürfet net frisch g'sotte sei'
Vom Tag zuvor und schäl se au,
Wäg mer se g'rieba, [4] wäg se g'nau —
Blos a halbs Pfond [5]); hast des guat g'rüahrt,
Hast d' Form mit Butter g'hörig g'schmiart,
Und mit 'ma Semmelmehle b'streut,
Daß d' Tort leicht raus göht seiner Zeit,
Nô schlagst än Schnee und rührst en fei'
Zua dene andre Sacha nei',
Füllst d'Form d'rmit nô auf der Stell'
Und schiebst se in Dei' Rohr nô schnell.
Doch sorg' m'r für a starka Hitz,

---

[1] Kartoffel-Torte.  [2] gesund.  [3] (25 g.  [4] gerieben.
[5] 250 g.

15

Sonscht wird d' Tort speckig — des ist knütz¹)! —
Und thuaßt's d'rauf raus, gelt, denk m'r dra',
Leg's auf a Holz, net auf Porz'la',
Denn des ist ebbes Alt's, niz Neu's,
A Backwerk g'hört auf Holz, ist's heiß,
Und a zwoit's Sprüchla, au net z' b'streita,
Hoißt: Backwerk soll ma' heiß net schneida!

———

Dui Torte, dui isch ganz probat,
Dui halt sich lang, ischt delicat;
Mer gibt e Häge-Sößle²) meischt,
Au wird se mit Schodola g'speist.
Dui Torte richt für Sonntäg na',
Weil mer doch jetzt nez habe ka'.
Mit dere neie Sonntägs-Rua,
Do send jo älle Läde zua!
Noi dui Verordnung gfallt mer nit;
's isch au nez ausg'richt dermit.
Sell hätt I anders g'macht, als Staat,
Daß jeder doch en Sonntig hat —

———

¹) nicht nütze, nicht gut.   ²) Hagebutten-Sauce.

16

Wia auf der Poſcht und Eiſebah',
Wo mer au Sonntags reiſe ka'!
Se könntet abwechsle, moin i',
Der Prinzipal und der Commis.
Es müſſet doch net älle z'gleich
Spaziera geh' im deutſche Reich.

# Flädles-Supp'.[1]

Z' erschte mußscht a Süpple haba;
D' Suppe g'hört zau Essa;
Mir send jo die Suppe-Schwaba —
Thu mer's net vergessa!
D' Flädles-Supp' dia machscht am g'scheidtsta
B'sonders für en Gascht,
Denn De kommscht dermit am weitschta,
Wenn D' koi Fleischbrüah hascht —
Oder wenig wollt' i saga,
Oder leichte Brüah;
Dui kan's Strecka wohl vertraga,
Merkschts[2] bei Flädle nia!
Wie mer d' Flädla macha ka?
Narr, da gohscht net fehl[3]:
Machschst e leichtes Taigle a
Nô[4] von Milch und Mehl,
Schlagscht drei ganze Eier nei'.

---

[1] Pfannkuchen-Suppe.  [2] merkst es.  [3] falsch.  [4] Nur.

18

's Taigle des muß laufa, [1]
Muß so dünn wie Suppe sei' —
'S gibt en ganze Haufa.
Nacher streichscht e' Pfann mit Speck
Auf'm offne Feuer,
Gießscht vom Taigle d'ruf, nô keck —
Des isch jo net teuer!
Aber, merk Der's, dünn und fei,
Daß mer d' Pfanne sieht,
Wie a Oblad müaßet's sei
D' Flädle, dicker nit;
Wenn s' uf einer Seite brau',
Nacher wendscht [2] se om;
Wenn D' se thätscht verbrenna lau' [3]
Mädle, sell wär domm!
Wenn se nacher bacha send,
Rollscht se schön, — net hudla! [4] —
Schneidscht se mit 'm Messer, Kend, [5]
Grad wia Suppe-Nudla;
Gießscht die siedig Fleischbrüh dra
Spät, i sag Der's glei.
Wenn se d'ra ischt, richt se a,
Sonscht gibt Der's an Brei.

---

[1] flüssig sein.  [2] wendest Du sie um.  [3] lassen.  [4] Kind.

Dürfscht mer's glauba, gewiß die Flädle
Schmecket au' Dei'm Herrn;
Dünne Flädle, dicke Mädle
Möget d' Mannsleut gern.

# Gurka-Gemüas.

Hobelscht greane[1] Gurka fei',
G'rad wia zum Salat,
Und na' salzscht se tüchtig ei' —
Sei mer nô acc'rat!
Brenn' D'rno a Mehle ei'
In'a Schmalz; wenn's heiß isch,
Thuascht a Stückle Zucker nei',
Daß es net so weiß isch.
Mach's recht donkel, laß Der's weise[2];
Schütt' an Essig d'ra'
Und a Fleischbrüah, recht a heiße,
Rühr mers glatt fei' a'!
Nacher salzscht's und pfefferscht's tüchtig,

---

[1] grüne.   [2] zeigen.

21

Schneidescht Zwiebel nei,
Auch a Lorbeerblatt ischt wichtig,
Nägela sind fei!
E Citronarädle dra!
Gibt an guata G'schmack;
's fragt se eba, ob Dei Ma
Au des G'schmäckle mag!
In en anders Kächele
Seihscht des Mehle nei' —
Weißscht des send so Sächele,
Des will alles sei'!
Aber erscht, wenn's mit die Sacha
Kocht hat donderschlächtig [1];
Und recht dick muaßscht's Mehle macha,
Nacher schmeckt Der's prächtig.
Druck die Gurka tüchtig aus,
Sell [2] vergeß mer nia;
Denn des Salzwasser muß raus,
D' Gurke ziaget Brüah. —
Koch se in dem Mehle mit,
Aber merk Der's, Kendle [3],
Länger nö bei Leibe nit

---

1) Donnermäßig, stark.   2) dieses.   3) Kindle.

Als e Viertelstendle.

Jedermann kann's net vertraga —
Sell[1]) liegt auf der Hand,
Narr, mer braucht en guate Maga
Oft zu ällerhand.
Net nô zua de Gurka eba,
Noi! do wirscht noch gucka,
Mädle an as Ehstandsleba
Hat oft seine Mucka[2])!

---

[1]) Selbiges.    [2]) Schattenseiten.

# Härings=Auflauf.

Du rührſcht a Viertel[1]) Butter fei',
Rührſcht au vier Eiergelb drei nei'
Und no verreib Ebbire[2]) g'ſchwind,
Die Tags vorher ſcho gſotta ſind.
Zwölf Loth[3]) dervo ſind eba recht;
Dia rührſt drei nei und des net ſchlecht.
Thu au e bisle Salz dran na' —
U Salz des g'hört an älles dra!
Jetzt nimmſcht a Mehl, an Löffel bärig[4]),
Thuaſchſt's in a Täſſle, rührſchſt's no' g'hörig
Mit ſüaßem Rahm — net viel, i mei[5]),
E' halbes Gläsle nö dürft's ſei.
Des Taigle ſchütteſcht aus der Taſſe

---

[1]) 125 g.  [2]) Kartoffel.  [3]) 185 g.  [4]) kaum.  [5]) meine.

Vorsichtig an die g'rührte Masse.
Drauf schneidscht e Zwiebele recht fei'
Und dämpfschst es leicht in Butter ei!
No putzscht an Hering, nimmscht'n aus,
Und thuscht die Gräthe sauber[1] raus,
Schneidscht kleine Würfela dervo,
Mußscht's in a Extraschüssel tho.
Na kommet d' Zwiebela derzu
Und saurer Rahm. J sag Der's Du!
Des ischt e Speis, dia sucht ihr's Gleicha,
E halber Schoppe[2] Rahm wird reicha.
Jetzt streichscht en Aufzugblech, sell weißscht,
Mit Butter aus, des thut mer meischt,
Na schneidscht Ebbire in Schnitt[3],
Belegscht de Boda schön dermit,
Und schütt'st auf dia Dein Hering na' —
Und thuascht des Z'sammag'rührte dra! —
Halt, Halt! J muaß Der ebbes saga:
Du muaßscht en steife Schnee erscht schlaga
Von die vier Eigelb, merk Der's nö:
Den mußscht De erscht an d' Masse tho'[4],

---

[1] pünktlich.   [2] 1/2 Liter.   [3] Schnitten, Scheiben.
[4] thun.

Na ziehgſchſt's im Ofe auf, wie's iſch
Tragſchſt's, in der Form glei, auf de Tiſch.

Thu des Recept nô net vergeſſa,
Des iſcht a richtigs Montags-Eſſa[1]).
Denn Montag, des iſch ſo e Tag,
Wo mer ſein Müh hot und ſein Plag.
Do iſch de Männer oft net juſcht[2]),
Du weißſcht net, was De kocha mußicht,
Se klaget über allerhand,
's genirt ſe d' Fliaga an der Wand —
J ſag Der's nô, da kommſcht beim Ma
Am beſchte mit me Hering a.

_____

¹) Montags-Eſſen.     ²) nicht wohl.

# Italienischer Käs.

E' schweinerne Leber muaßscht hacka und wiaga,
Mußscht sorge, daß D' jo e ganz frische thuascht
kriaga —
Juscht anderthalb Pfond[1] darfscht nehma ganz
keck;
Des wiegscht De mit nei und e Viertel Pfond[2]
Speck —
Koin g'räucherta moin e, a frischer muaß's sei —
Und zwoi Lot[3] Sardella hackst au glei mit nei!
Na thuascht Du a Salz und an Pfeffer dra' na,
A bisle Muschkat au und z'letscht Parmesa —
An g'riebana mein i, vier Lot[4] so beiläufig;
Den Käs wirscht Du kenna, den nimmt mer ja
häufig,

---

[1] Pfund.  [2] 125 Gramm.  [3] 50 Gramm.  [4] 60
Gramm.

Drauf nimmſt noch a Bröckale Butter, liabs Kind,
Und Peterling ¹), Zwiebel die an ſcho gwiagt ſind.
Da dämpfſcht De zwei Tafelbrödle dermit,
Chnaſcht d'Rinde abreiba — vergeß mer des nit!
Des thuſcht De zom Andre, verſchaffſt ²) älles recht —
Du wirſcht Dich vergucke ³), des ſchmeckt Der net
ſchlecht.
Jetzt ſtreichſchſt Du mit Butter e Form recht
guat ei,
Und ſchütteſcht die Maſſe mit ällem drei nei.
Des muaßſcht De guat anderthalb Stonde lang
bacha ⁴)
Und thu mer nô ja net de Hitze z'ſtark macha.
Wenn's bacha iſch, läßſchſt's in der Küahle noch
ſtehn.
Erſcht wenn De's witt ⁵) eſſa, na ſtürz mer's recht
ſchön
Und vorſichtig raus auf an größara Teller.
Stoß' d' Form in heiß Waſſer — ſo goht Der's
glei ſchneller.

---

¹) Peterſilie.   ²) verarbeiteſt.   ³) wundern.   ⁴, backen.
⁵) willſt.

Der Käs, der isch gwiß ebbes[1]) rechts für Dein
Ma',
Weißscht, weil mern an eing'wickelt mitnehma ka'
Auf d' Silberburg[2]) nauf, oder an auf'n Keller;
Na brauchst De nex weiters, als d' Besteck no'
und d' Teller.
Dort laßscht D' Der noch Bier und e Brot derzu
geba,
Denn d' Wirtsleut — des merk D'r — dia möchtet
an leba.

---

[1]) etwas.   [2]) Museumsgarten in Stuttgart.

# Kernles=Thee.[1]

Wenn der Man ins Wirthshaus gôht,
Manchmal in der Wocha,
Muaß a Frau, die was verstôht,
Ebbas Sparsams kocha.
D'rom mach nô en Kernles=Thee,
Sell kann i Der rata,
Billiger geits g'wiß ner meh' —
Brauchscht net immer Brata.
Haagebutzekernla, guck
Dia sind ganz leicht z'kriaget,
Nimm drei Löffel aus der Guck,[2]
Höchstens viar, dia gnüaget,
Stell f' mit reinem Waffer auf
Im a faubre Töpfle

---

[1] Thee von Hagebuttenkern.  [2] Dute.

Und kochs ei, füllsch's wieder auf
Mit Deim Wassernäpfle.
Stell's in äller Früh scho na,
Wenn Dein Feuer brennt,
Weil der Thee net koche ka
In der Eil nö gschwend.[1]
Zwei, drei Stonde — wenn net meh —
Müsset d' Kernle siede,
Bis er dunkelroth der Thee —
Nacher hot er Güte.
Guck, des schmeckt, we' mer[2] so will,
Narr wie soll i saga?
Wie e Theele mit Danill',
Macht en gute Maga.
Zucker thut sich jeder dran,
Sell kanscht Du Der denka,
Und an d' Milch muß Jedermann
Nei' ins Theele schenka.
Zwieback tunkt sich guat drei nei,
Des wirscht bald entdecka,
Aber ka's koi Zwieback sei,
Nö nimm halt an Wecka.[3]

---

[1] geschwind.   [2] wenn man.   [3] Weißbrod.

Wia gsait: goht Dei' Manle aus,
Spar' m'r —· laff' D'r's rotha,
Trink' Dei' Kernles-Theela z' Haus —
Jßt er au' an Brôta!

# Lensa.[1]

Quaßicht se lesa,[2] bis sie rei'
Nô leg s' in kalt's Wasser nei;
Z' Obed[3] thuascht des; folg mer nô,
Morgens haischt Du gnug zom thô'.[4]
Wer am Obed 's Gemüas thuat putza,
Hat am andra Tag de Nutza.
Stell se nô recht zeitlich na',
Thu e kaltes Wasser dra'.
Wenn s' e Stündle kocht heut, weißscht,
Gießt mer's Wasser ronter[5] meischt,
Füllt a heiße Fleischbrüh nach,
Laßt se koche äls gemach.[6]
Und i sag Der's, koch se recht;
Wenn se pocklet,[7] send se schlecht.
Mach nô Schmalz am Fener heiß
Zum a Mehle — mach's net weiß,

---

[1] Linsen.   [2] auslesen.   [3] zu Abend.   [4] zu thun.
[5] herunter.   [6] gemächlich.   [7] hart sind.

Dunkel muaß des Mehle sei';
Thua au Salz und Pfeffer nei',
G'wiegte Zwiebel — rühr's schön glatt,
Daß 's auf d' Letzscht koi Knolle hat.
Lösch's mit Fleischbrüah ab und thua
D' kochte Linsen nei derzua;
Schütt a bisle Essig nei'
Säuerlich ment[1]) d' Lensa sei'.
Glaub mers nö, i kenn de Ma':
Stellscht em weiche Lensa na',
Wird er selber butterweich.
D' Mansleut, dia send alle gleich.
Kaufscht se mit 'me gute Stückle
Aelle om de Finger wickle.
Lensa send ihr Leibgericht,
's stoht jo in der biblisch G'schicht:
Hat doch Esau — hascht's vergessa?
's Erbrecht laun,[2]) um Lensa z'essa;
Hätt' der Spätzle kriagt[3]) derbei,
Hätt' er d' Seel verschrieba glei!

---

[1]) müssen.    [2]) gelassen.    [3]) bekommen.

# Mafisch.

Quaßscht de Fisch ins Wasser lege,
Nur e' Stündle meinetwege,
Schuppscht'n gut und nimmscht'n aus,
Und schneid'st em boide Kiema raus;
D' Eingeweide, d' Blase an,
Wirfscht De weg — mach's nö genau!
Aber nö de Milchner nit,
Oder Rogler — den kochscht mit.
Salz de Maifisch richtig ei',
Laß'n steh'n — 's muß schmackhaft sei'.
Wenn D' de Fisch verschneida witt,[1]
Wirscht De leichter fertig mit,
Und kanst's doch lega hinterher,
Als ob's no beianander wär'!

----

[1] willst.

Doch wär's Der liaber, daß der Fisch
Käm a's de ganzer[1] auf de Tisch,
Nö muaßscht halt so an Kessel ha',
Wo mer'n ganz d'rin siede ka'.
Und de Sud will i Der saga —
Brauchscht d'rom[2] niemand anders z'fraga —
Nimmscht koi Butter und koi Schmalz,
Wasser mit e bisle Salz,
Essig und viel Zwiebelrädla,
Pfefferkörnla, Lorbeerblättla.
Nägela kaufscht an nein tho'
Gelbe Rüble und Citro'.
Kochscht's e halbes Stündle gut,
Legscht de Fisch na[3] in de Sud.
Laß'n nö net z'lang drina liaga —
Er darf höchstens Blasa ziehga,[4]
Jo net sieda oder walla,[5]
Könntescht's teuer sonscht bezahla.
Wenn er platzt am Rücke, weißscht,
Nacher isch er fertig meischt;
Legscht'n auf a Platta na
Richtscht'n, wenn D' en warm witt, a'.

---

[1] als der ganze.   [2] darum.   [3] nachher.   [4] ziehen.
[5] stark sieden.

's thut's e Jed's nach seiner Weis',[1]
Er ischt kalt so gut, wie heiß.

---

Was i Der nô sage will:
M a i fisch ißt mer im April!

---

[1] nach Belieben.

# Niera (saure).

Schweinerne Niera [1] legscht Du ei'
Am Obed [2] zuvor, na' send se fei',
In leichte Essig, den wirscht han, [3]
Schüttschst e bisle Milch no dran.
Am andre Morga nimmschst se raus;
Die Beize aber schüttescht aus.
De Nierle häuteft a', schneid'st f' auf,
Nô machst a recht guats Sößle [4] drauf:
Du stellscht a Schmalz na' und wenn's raucht,
Thuast Mehl d'ra, was mer eba braucht.
So viel's halt anschluckt, muß es sei,
Au g'wiegte Zwiebel kommet nei.
Mach nô des Einbrenn jo net z'hell,
Und lösch's mit guater Fleischbrüah schnell!

---

[1] Nieren.　　[2] Abend.　　[3] haben.　　[4] Sauce.

No thuascht D' de g'schnitt'ne Nierle na'
Und laßscht f' recht langsam kocha d'ra' —
E' ganze Stond, und mach nô nie
E sotte ¹) lange Suppe-Brüh;
A kürzes Sößle ²) paßt alloi' —
Nô g'hört au Salz und Essig noi',
En Pfeffer au, sonscht hat's koi Art —
Und jô erscht z'letztscht, sonst wern se ³) hart!

---

Horch! I will Der ebbes ⁴) rate,
Es isch koi' Unrecht und koi' Schade,
Wenn D' e Wünschle hoscht im Stilla,
Des Dei Ma' Der sott ⁵) erfülla,
Mußscht em schön thon, mußscht em schmeichla
Und em a bisle 's Mulle streichla.⁶)
Morgens um die Veschperzeit
Ruffscht em zärtlich: „Bischt bereit?
Männle, i han saure Niera."
Narr, des wird'n aber rühra,
Denn er mag's für's Lebe gern —

---

¹) eine solche.   ²) Sauce.   ³) werden sie.   ⁴) etwas.
⁵) sollte.   ⁶) schön thun.

Niera möget alle Herrn,
Und Du kanscht mit sotte[1) Niera
Ganz gewiß Dein Ma verführa,
Daß er thut, was Du nö witt[2]) —
Probir's e Mal, i zweifel nit!

---

1) solche.   2) willst.

# Ochsamaul=Salat.

Des Ochsamaul, des putzscht erst rei',
Na' legschst's in g'salzes Wasser nei',
Und kochschst es weich, na nimmscht es raus
Und lösch'st [1]) dia Beinla warm no aus.
So laßschst es in der Kuahle steh'n
Und schneideschst's — aber ja recht schön,
In viereckart'ge Stückle fei'.
Dia salzscht Du gut und pfefferscht f' ei',
Au Oel und Essig thua m'r na',
Wia beim Salat mit Zwiebala d'ra'.
Des ischt e Beilag, dui mußscht macha,
Denn d' Herra möget saure Sacha!

—————

Nur net e sauers G'sicht muaßscht schneida —
Sell könnet d'Mannsleut gar net leida

———————

[1]) auslösen.

Und das mit Recht! 's hat gar koin Nutza!
D'rum g'wöhn' Der's ja net a', das Trutza! [1]
Sonscht gôht [2] Der der Verdruß net aus —
Und Fried [3] ischt doch das Schönscht' im Haus.

---

[1] auch nicht.    [2] geht.    [3] Frieden.

# Punſch.

A Pünſchle — des muaßſcht könna macha,
Und dôzua brauchſcht verſchied'ne Sacha:
Für's Erſt' a Schöpple rotha Wei' —
Dean ſchütteſt glei' in d' Bowle nei!
Nô druckſcht, und zwar mit ganzer Kraft,
Von fünf Citrönla dra' da Saft.
Laß nô koi Kernle noi, gib Acht,
Weil des ſonſcht älles bitter macht!
E halb Pfond[1] Zucker thuaſcht au' na',
Nô hent'r Süaßigkeit gnuag dra'!
Deck's zua drauf, laß's a Stündle ſteha,
Weißſcht, daß der Zucker kan vergeha.
Des Waſſer muaßſcht Du vorher meſſa
Juſcht[2] mit die Gläsle, die mer nimmt;
Du brauchſchſt an vierzehn Gläsle b'ſtimmt.

---

[1] 250 Gramm.    [2] juſt, gerade.

43

Des gitt Der nacher g'rad nach Wonsch [1]
Vierezwanzig Gläsle Ponsch. [2]
Des Wasser gießscht d'rauf kochend na',
Und thuascht ganz z'letztscht an Arak d'ra'.
A Viertel Liter wird genüaga
Versuach's, na' kanscht an A'sicht kriaga,
Kanscht, wenn De meinscht, noch meh [3] na gießa
Kanschscht's, wenn De witt, noch meh versüßa.

_____

Des Pünschle muaßscht Sylvester macha
Und ebbes Guat's derzua nô bacha!
Guck, wenn De witt, daß Der Dei Ma'
Derhoim bleibt, stell em ebbes na',
Was er gern mag.  Des isch e List,
Die koiner Frau verbota ist.

_____

[1] Wunsch.    [2] Punsch.    [3] mehr.

# Quitta=Schnitz'.[1]

Sechs schöne Quitta schäl' recht fei',
Toil' jeda in acht Schnitzla ei'.
Na schneidscht De 's Steinige dervo' —
Des mußscht Du aber pünktlich tho'!
Drauf kochschst s' im Wasser — sag Der's glei!
No bärig[2] weich, jo net zu Brei.
Fang d'Schnitzle raus, leg se auf's Siab,
Verdruck se net — 's wär mer net liab!
Grad fällt mer's ei', Du mußscht s' erst wäga,
Eh' Du s'[3] in's Wasser nei' thuascht lega.
Du rechnescht a halb's Schöpple[4] Wei'
Auf anderthalb Pfond[5] Quitta fei'
E ganz Pfond[6] Zucker — meh brauchscht nia,
E halbes Schöpple[7] von der Brüah,
Aus der Du d' Quitta raus hascht tho',
E Stückle Zimmt, a halb' Citro',

---

[1] Quitten-Schnitze.  [2] kaum.  [3] eh Du sie.  [4] 1/4 Liter.
[5] u. [6] Pfund.  [7] 1/2 Liter.

45

Vier Nägala und d' Quittakern;
Dia aber — merk Der's — thuat ma gern
In a kloi's Läpple [1] vorher binda,
Ma kann se nacher sonscht net finda.
Des kochscht mitsammt de Quitta schön —
Thu's langsam, weißscht, muaßscht dernach sehn.
Und fang se wieder raus die Scheiba,
Sie dürfet net lang d'rinne bleiba.
As Säftle aber kochscht dick ei'
Und seihscht es über d' Quitta nei'.
So ißt ma's kalt — 's ischt a Kompott
Zuar Mehlspeis, wo net drüber göht. [2]

Kompotter muaßscht guat macha könna —
I könnt Der fascht [3] e Dutzet nenna!
Von jedem Obscht kanscht ois [4] bereita —
Kompotter gibt's zu alle Zeita!
An jeder Tafel findscht Du ois,
Au Kranke gibt mer's — 's ischt was fois! [5]
Und oft und viel — i hab's erfahra,
Kannscht au da Doktor mit erspara!

---

1) Fleckchen.   2) geht.   3) fast.   4) eines.   5) feines.

---

# Ragout von Briesle. [1]

Vör ällem leg nö glei des Briesle
In kaltes Wasser nei' a bisle,
Wirf's nö in salzig's Wasser nei';
Ist's 'kocht, ziah d' Haut ab hintadrei!
So wenn Da's machst und pünktlich bischt,
J garantier D'r, guck nö ischt
Des Briasle sauber. Des verschneidt'scht
In kleine Stückla und bereit'scht
E gutes Sößle, [2] ohne Gleicha, [3]
Stellscht Butter na, den laßscht verschleicha, [4]
Thuascht Mehl drei nei und rührscht es glatt,
Und wenn des kaum e' Färble hat,
Na löschst's mit guater Fleischbrüah ab —
Doch mach's net' z' dünn, halt 's Sößle knapp!
Thu Salz dran und Citronarädla
Und an e halbes Lorbeerblättla.

---

[1] Kalbsbries.  [2] Sauce.  [3] ohne gleichen.  [4] vergehen.

Au saura Rahm, an Löffel voll
Und koch's nö mit dem Briasla wohl.
Na rührscht en Eigelb, oder zwei
Mit eme Tropfe Wasser glei,
Schütt'scht's Sößle dran, muaßscht's älsfort rühra,
Des nennet d' Deutsche „fricassiera."
Fang aber z'erscht, i bitt mer's aus,
Die Zuthata schön alle raus.
Thu an e bisle Weißwei' d'ra',
Leg 's Briasle nei' und richt's schö a'!
Des dürfet Wöchnerinna essa —
So kräftig ischt's — thu's net vergessa!
Mer füllt's au in Paschtetle nei —
's isch ausgezeichnet guat und fei.

---

E Briesle mag Dei Ma' au g'wiß,
D'rum sei au Du koi z'widra Pris![1]
Du hascht net nötig, G'sichter z'macha,
Du bischt nö jong,[2] Du hascht guat lacha.

---

[1] Unangenehme Person.    [2] wahrlich nein.    [3] jung.

# Spätzla.

Spätzla macha ischt net schwer —
Aber könna muaßscht' D' es!
Nimmscht a Pfündle[1] Mehl, net mehr,
In a Schüssel thuascht D' es.
Rührscht's mit Milch schö langsam a',
Machscht en Taig, an feschta,
Thuascht zwei gute Eier dra —
So wird er am Beschta.
Salz en an', doch jô net z'viel,
Schlag en nô recht tüchtig,
Bis er Blôsa werfa will —
Nachher ischt er richtig!
Jetzt stell' flink a Wasser na'

---

[1] auch 500 g.

Jm a Meſſingpfändle¹);
Siad's und thua a' Salz an d'ra' —
Bärig²) a klois Händle.

Tonk³) des Spatzabrettle fei'
Und an 's Spatzameſſer,
Weil der Taig ſonſcht pappt, drei' nei' —
Nô goht's G'ſchäft viel beſſer.

Wirf da Taig uf's Spatzabrett,
Streich en glatt am Rändle'⁴)
Und ſchneid' Spätzla kloi' und nett
Friſch und flink ins Pfändle.

Aber älle Spätzla glei
Z'mal derſſcht net oilege',
's gäb' D'r ſonſcht an wüaſchte Brei,
Den koi Menſch thät möge'.

Wenn ſe ſteiget, fang' ſe fei'
Mit 'em Seier raus,
Leg ſe in heiß Waſſer nei',
Sonſcht trocknet ſe Der aus.

Nô ſeihſt ſ' heiß durch, legſt ſ' auf d' Platt,
Sauber, ſchmelzſt ſ' mit Zwiebel

---

¹) Meſſingpfännchen. ²) kaum. ³) eintauchen. ⁴) Rand.

50

Und dia Spätzla fei' und platt
Schmecket gar net übel!

Weißicht, mer muaß sich älls[1] veredla,
Lerna muß mer — fang nö a'!
's isch koi richtigs Schwobe-Mädla,
Des net Spätzla kocha ka'.

---

[1] immerfort.

# Träubles-Wein.[1]

Nach guate, reife Träuble guckscht De,
Die zupfscht Du ab und nacher druckscht se
Recht durch a Tuch, mit äller Kraft,
Berechnescht auf en Schoppa[2] Saft
Zwei Schoppa[3] Wasser, und derzu
E halb Pfond[4] Zucker. . . Aber Du!
Den Zucker muaßscht Du kloin verschlaga.
Des kan i Der im Voraus saga.
Füllscht des nô in en Kolba nei',
Der muaß von Glas und weit au sei!
Am Hals recht weit, sonscht kanscht Du nit
Nei'[5] mit'm Seier, wenn De witt.

_____

[1] Johannisbeer-Wein. [2] 1/2 Liter. [3] 1 Liter. [4] 250 g.
[5] hinein.

Du mußscht es schüttla au zuweila,
Daß sich der Zucker kan vertheila.
Wenn er verganga ischt, nô thuascht
A Flasch voll raus; dia aber muaßscht
Gut aufbewahre; denn mer soll
Als sorge, daß der Kolbe voll
Bis obena', und zudeckt sei'
Mit 'ma Tüchle muaß er sei —
Nô jo net fescht, in koinem Fall.
Der Wein der gährt, do thut's en Knall.
Und wenn er gährt, muaßscht Obacht gebe,
Muaßscht äls¹) des Unreine abhebe
Mit eme Seier — mach mer's g'scheidt!
Und füll' au' nôch von Zeit zu Zeit.
So laßscht D's ruhig im Küahle steh'
Acht Wocha lang. Erscht, wenn er schö'
Und hell isch, wia e Wein sott sei',
Nô füllscht'n ruhig in Flascha ei'.
Nô derfscht'n pfropfa und versiegla,
In Speisschrank tho' und den — verriegla.

---

¹) immer.

Des Wei'le ¹) ischt in heißer Zeit
A Labsal, wia's koi' anders geit.
Wenn Ebber kommt und isch erhitzt,
Verbrôta' ²) fascht und ganz verschwitzt,
Der freut sich mit Dei'm Träubleswei'
Und tunkt ³) auch gern derzua was ei;
D'rum muaßscht von Zeit zu Zeit was bacha,
Muaßscht Zimmtstern' oder Brödla macha;
's g'hört was in's Haus, des muaßscht Der merka,
Es wellet ⁴) älle Leut sich stärka.
Und sell ⁵) ischt wohr, als stünd's im Buch:
Nex wenn De hast, kommt gwiß a B'such!

---

¹) Wein.   ²) verbraten.   ³) tunkt.   ⁴) wollen.   ⁵) selbiges.

# Überrejcht'.

Witt an richt'ge Haushalt grenda[1],
Muaßjcht an' d' Überrejcht' verwenda:
Wenn De Suppafleisch no' hajcht
Oder Kalbfleisch, des ischt mascht[2],
Mach Der nö a guats Haschele,[3] —
Sell kann i Der anempfehle.
Thujcht a Stückle Butter na',
Peterling und Zwiebel d'ra',
Laßjcht des dämpfa, nimmjcht a Mehl,
Machjcht en Einbrenn, bärig gehl[4] —
Net z'viel Mehl, sonjcht giebt's an Papp.
Thua drauf 's Fleisch nei', löjch's nö ab
Mit 'ra Fleischbrüah. — Sell wirjcht wissa,

---

[1] gründen. [2] kräftig. [3] Hachis. [4] kaum gelb.

Daß D' des Fleisch hascht wiaga müssa!
Muaßscht e bisle Salz d'ran thö',
Pfeffer au und au Citro' —
Nö a bisle Saft — sell weißscht!
Au a Weinle nimmt mer meischt.

Des ischt net schlecht — nö laß Der rata,
(Denn d' Herre möget liaber Brata)
Koch's, wenn Dei Ma net grad bei Tisch —
Wer weiß, ob des sein Guschto[1]) isch!
Und nach sei'm Guschto muaßscht Dich richta —
Des g'hört emal zu Deine Pflichta!

---

[1]) Geschmack.

# Vanille=crême.

A halb Pfond[1] Zucker, 's isch net z'viel,
D'rzua a g'schnittne Stang Vanill',
A halb Maas[2] guata, süßa Rahm
Des siedeschst tapfer[3] alles z'sam.
Nô muaß's verküahla — laß Der's rata' —
Nô net in Messing, 's könnt Der schada!
Einschtweila[4] klepprescht nebabei
Acht Eigelb mit 'ma ganza Ei
Recht tüchtig im a Häfale a',
Und giaßscht Dein g'sottna Rahm dra na',
Und seihscht es durch a Haarsieb schö' —
Des isch koi Kunscht, des wirscht versteh'.
Na füllscht dia schöne, guate Massa
Vorsichtig ein in Kaffeetassa.

---

[1] 250 g.  [2] 1 Liter.  [3] flink.  [4] Inzwischen.

Jetzt nimmscht e fürchtig¹) groß's Kaſſ'rol,
Thuascht Waſſer nei — nur jo net z'voll!
Wenn's ſiadet, ſtellſcht de Taſſa nei';
J ſag Der's aber — merk Der's fei! —
Des Waſſer därf nur halber nauf
An d' Taſſe geha — net bis rauf.
Na muaßſcht en Aufzugdeckel ha,
Der auf's Kaſſ'rol gnat paſſa ka;
Legſt Kohlaglnat d'rauf — wenn de haſcht!
A heiße Aſch thuat's grad ſo faſcht.²)
So kochſchſt's a Viertelſtond lang tüchtig,
Na hebſcht de Deckel ra³) vorſichtig,
Nimmſcht leicht a Täßle raus — net g'fackelt⁴)!
Des ſchockelſcht⁵); wenn der crême net wackelt
Na iſcht er fertig, mußſcht die Taſſa
Rausheba und verkühla⁶) laſſa —
So lang er warm iſcht, ſchmeckt er ſchlecht,
Am and're Tag, do iſcht er recht;
Und iſcht er gar wia Eis ſo kalt,
Nô iſcht er ebbes ganz fein's halt.

---

¹) fürchterlich.  ²) faſt.  ³) herunter.  ⁴) keine Witze ge-
macht.  ⁵) Das ſchüttelſt Du.  6) erkalten.

Mach nö den crême — b'sinn Di net lang!
Am Kränzles=Tag als zweite Gang.
Dia Kränzles=Fraua esset gern
Bei andre Leut was Gut's, Potz Stern[1]!
Laß Du se nö den crême probiera —
Da heut se[2] g'wiß nex z'raisoniera; ..
Zwar raisoniera thuant se immer —
Sonst wäret f' koine Frauazimmer!

---

[1] Ausruf.  [2] haben sie.

# Wei'ſchwämmla.

Altbach'ne ¹) Milchbrod' muaßſcht Du reiba,
D' Broſama durch a Sieble treiba,
Drei Eigelb rüahrſcht Du dann e Weil
Mit Zucker ab — des hat koi' Eil.
A halber Vierling ²) wird genüaga —
Wenn's nô net z'viel iſcht — will net lüaga!
Na thuſcht die Broſama drei nei',
Drei Löffel voll — Eßlöffel ſei'!
Auf d'letzſcht de Schnee, 's goht wie der Wend, ³)
Jetzt muaßſcht D' ſe aber bache g'ſchwend; ⁴)
Stellſcht Butterſchmalz im Pfännle na',
Und wenn des raucht, d'rnô gôht's a':
Legſcht d' Schwämmla mit'm Löffel ei' —
Doch desmôl muaß's a' kleiner ſei'.
Sie gehet auf, kehr ſe an' 'rum —
Wenn ſe verbrennet, ſell wär dumm.

---

¹) Altgebackne.     ²) 60 gr.     ³) Wind.     ⁴) geſchwind.

Sobald se farb heut,[1]) leg se nô
Glei' in en Seier — des muaßscht thô!
Na siedscht en Schoppa[2]) weißa Wei'
Und thuascht e groß's Stück Zucker nei',
Legscht d' Schwämmla in en Gompe[3]) nüber
Und schütt'scht de Wein ganz siedig d'rüber. —
So richscht se an — und laß Der's schmecke;
's isch ebbes Gut's — des wirscht entdecke.

Abwechslung, hoißts, macht viel Plaisi' —
Des Sprüchle, guck, gilt au' für Di'!
D'rum richt' heut des[4]) a', morgen 's Sell[5]),
Auf dia Art möget's d' Herra äll'!
Wenn Du des thuast, wird aus und ei'
Dei' Manle mit Dir z'frieda sei'!

---

[1]) haben.   [2]) 1/2 Liter.   [3]) Schüssel.   [4]) dieses.
[5]) Jenes.

# Zimmtstern'.

Auf d' Weihnachtszeit muaßscht selber bacha [1)
Und muaßscht vor Allem Zimmtstern' macha.
Die möget d' Kinder und au Alte —
Dia lasset sich au lang erhalte.
Sie send wohl teuer, sell isch wahr —
Du brauchscht genau zehn Eierklar.
Da schlagscht en Schnee dervô, [2)] en feschte —
Und jetzt kommt aber erscht no's Beschte.
Den Schnee muaßscht Du e Stond lang rühra —
Des isch koi G'schpas, [3)] des wirscht Du spüra —
Mit anderthalb Pfond [4)] Zucker. . . Gelt,
Jetzt merkscht, daß 's theuer ischt?   Potz Welt!
Von dera Massa, wenn se dick,
B'halscht Du acht Löffel voll zurück
Für später — woißscht, des gitt e Güßle; [5)

---

D'rum stell's voarerst auf d' Seit' e bisle!
Und daß i's net vergiß, ma nimmt
In d' Masse au no' g'stoßne Zimmt,
Au Ceylon Zimmt, dear ischt recht fei',
E Lot[1] — net weniger därfs sei!
Na muaßscht de Mandla reiba, weißscht,
A ganzes Pfond,[2] des nimmt mer meischt.
Des rührscht Du au nö[3] in die Massa,
Na muaßscht se aber ruha lassa,
A ganze Stond in d' Kälte stella,
Und nachher erscht kanscht Du se wella.
Na richt'scht Der g'schwind Dei Nudlabrett,
Des streuscht mit Mehl und Zucker nett,
Nimmscht von deam Taig älls blos a Stück
Und wellscht des langsam fingerdick.
Gar z' dünne Fleckle tanget net,
Weil d' Sach' sonst leicht verderba thät'!
Nö nimmst Dei' Form, stichst d' Sternla 'raus —
Doch d' Abfäll' wellst von neuem aus —
Schmierscht auf a Blech a Wachs leicht nauf,
Und legscht die Sternla reihweis d'rauf,
Und b'streichst se mit dem Güßle jetzt,

_____

[1] 15 g.    [2] 500 g.    [3] noch.

Des Du vorher auf d' Seit' hast g'setzt.
Und schliaßlich bachst f' so leicht, liabs Kind,
Daß se no' weiß bis hellgelb sind.


Guat sind se, doch a bisle theuer.
Natürlich! Zucker, Mandel, Eier,
Und nö dear Zimmt! J' möcht' wohl wissa,
Wie des net gäb' an Leckerbissa!
Doch d' Weihnachtszeit kommt oi'mal no,
Dö derfst scho' ebbes Uebrig's tho!

# Anhang.

# So jottejcht jei'.[1]

Jetzt hör' mer zu und laß' Der ratha —
Was i Der jag, is g'wiß koi Schada.[2]
Ihr Mädle heiret oft drauf los
Und moint, Ihr g'winnet' 's große Loos.
Jo, Kutze Mulle blas e Gericht,[3]
Da kommet Euch die Sorga ercht!
Guck', d' Eh' dia ischt a Lotterie —
Selbscht s' Gernhau noh koi' Garantie;
Denn 's hot scho' Liebespärle' geba,
Die sind wie Hund und Katz na' [4] gwea.
's kann oft an älle Beide liega —
Mer muß sich in enander füga.
Die Männer, die send gar verschieda:
Der ruahig stets und für da Frieda,

---

[1] So solltest Du sein.  [2] Schaden.  [3] ächt schwäbischer
Ausdruck spöttischer Verneinung.  [4] nachher.

Der Ander' ischt a Haus-Tyran,
Der schimpft, was er nö schimpfa kan.
An d' Fraue send oft net ganz eba,[1]
Drom hapert's oft im Ehstandsleba. .
J will Der's sage, kurz und klei,
Wie Du als Hausfrau sottescht sei'.

———

's ischt net so leicht an Haushalt z' führa,
Des wirscht Du oft mit Senfza spüra.
Ja, wear in's Geld noi' greifa ka'
Bis an de Ellaboga na',
Do ischt's koi Kunscht, des könnt i au —
Des aber därf net jede Frau.
Die meischte müsset oft sich strecka
Und arg sich richta nach der Decka.
Des schad't Der ney,[2] sei Du nö g'scheidt;
Des Bescht[3] ischt die Zufriedeheit.
's isch Jederma' e Grenze g'setzt,
Des sieht mer erscht ganz deutlich jetzt!

---

[1] nicht, wie sie sein sollten.    [2] nichts.    [3] Beste.

Wie thätet's sonscht dia Leut anfanga,
Die mit Milliona nô net langa?
Denk nô net, wenn Du ebbes siahscht,
Daß Du's glei selber habe müaßscht,[1]
Des wär a U'glück — kan D'r 's saga!
Da thät i nô Dein Ma' beklaga —
Wia sott denn dear gnuag Geld auftreiba!
D'rom Mädle, thu mer oifach bleiba.
Es send emol net Älle reich,
Es send emol net Älle gleich,
Und sell wär traurig, Saperment!
Wenn ma net doch vergnüagt sei' könnt
Mit wenig blos! Drum präg D'r's ei:
Oifach, recht oifach — sottescht sei'!

---

Kriag[2] net glei Nerve, guter Gott,
Daß an Dei Ma was von Der hot.
Jetzt gehet d' Junge in die Bäder:
Ja, sag mer nô, was went dia später,
Wenn s' alt send? Guck, es wird mer weh,[3]

---

1) müßest. 2) bekomme. 3) übel.

69

Wenn i so jonge Frana seh!
Sonscht war der Frau ihr Welt ihr Haus,
Jetzt wellet se ¹) in d' Welt nö naus; ²)
An's Meer, in d' Schweiz und nach Paris,
Wo ebbes los ischt, trifft ma's g'wiß.
Blos net dahoim, ³) nö ist's en wohl,
I woiß net, wie des werde soll!
Zua meiner Zeit hat mer's net kennt,
Daß mer von Kind und Haus wegrennt —
Da send die Fraue wie die Henna
Bei ihre Küchla g'sessa d'renna. ⁴)
Jetzt lent se ⁵) d' Kinder — 's ischt net bitter!
De Kindsmägd' und de Schwiegermütter;
Zu deam send d' Schwiegermütter recht,
Sonscht aber machet se se schlecht.
E' Jeder wetzt sein grüane Schnabel
An dere Schwiegermutter-Fabel.
Die Schwiegermütter, die send heut
Der Fürchtebutz ⁶) für älle Leut.
's wär oft e Nutze, nie koi Schada,
Thät nö die Schwiegermutter rata:
Denn 's isch koi Wonder — kan Der's saga!

---

¹) wollen sie.   ²) hinaus.   ³) daheim.   ⁴) drinnen.
⁵) lassen sie.   ⁶) Popanz.

74

Daß d' Fraue so viel maunzet, klaga;
Sie machet's eba au oft z'bont,[1]
Des isch koi Lebesweis', die g'sond[2] —
An ewigs Hetza, Renna, Fahra
Nach em Vergnüge, wie die Narra.
Bleib Du derhoim und präg Der's ei:
Vergnüagt dahoim — des sottescht sei'!

Z' Haus kannst D'rs au gemüathlich macha!
Warum au net! Des wär' zum lacha!
Guck, wenn De Gäscht[3] haischt in Deim Haus,
Isch's g'scheidter, als der Ma geht aus!
In deam Fall aber laß D'r rata,
Mach's oifach: gib an große Brata,
Salat, Ebbire[4] au' derbei,
Meerrettig, Senf, und so derlei,
Und nä[5] noch Butter, wenn De witt,
Obscht oder Käs — meh aber nit.
Und als Getränk Biar oder Wei'
Und g'nuag von ällem — sell muaß sei'!
Mer will doch schwätza, net nô essa;

---

[1] bunt.   [2] gesund.   [3] Gäste.   [4] Kartoffel.   [5] nachher.

71

Sell muaßſcht bedenka, net vergeſſa!
Und zuadem kannſt Du, hältſt Du's ſo,
Dia Freud Diar öfters gönna no'.
Guck, wenn D' ſo auftragſcht, glaub mer's no,
Da haſcht Du erſcht koin Dank dervo;
Die ſich am ärgſchte bei Der mäſchta, [1]
Die raiſonieret juſcht [2] am beſchta.
Drom merk D'rs wohl und präg D'rs ei':
Net übertrieba ſotteſcht ſei'!

———

Sei fleißig, ſchaff', des iſcht D'r g'ſond, [4]
Dö bleibſcht Du friſch, wirſcht kugelrond;
Steh' zeitlich auf, 's gibt jeden Tag
Was anders z' thö' — wenn mer nö mag!
Und weißſcht — i laß mers net beſtreita —
Du muaßſcht im Haushalt älles leita;
's muß älles geh'n wie nach'm Uehrle
Zur rechte Zeit, wie a'me [4] Schnürle.
Da g'hört an Ei'theilung derzua,
A Luſcht, a Fleiß und an a Ruah!

———

1) mäſten. 2) gerade. 3) geſund. 4) an einem.

Haſcht Du a Putzerei im Haus,
Räum' net glei' älle Zimmer aus,
Daß d' Möbel ſtehet bis an d' Stiag',
Und 's ausſieht wie im Türkakriag,
Daß mer koi' Sitz meh habe ka' —
Des iſcht Der ebbes für Dein Ma!
Gib Acht, da ſchlagt e' Wetter d'rei;
Des g'ſchieht Der Recht, theils beſſer ei'!
Die Woch' hat ſiebe lange Tag',
Do ka' mer's richta, wie mer's mag.
A Hausfrau muaß gefürnei ¹⁾ ſorga,
Muaß heut ſcho' denka, was brauchſcht morga?

So iſcht's au bei der Näherei!
Schaff', was De brauchſt, ſcho' vorher bei,
Und gang net erſcht auf d' Suchet aus,²⁾
Wenn d' Näh're ſcho' bei Dir ſitzt z' Haus!
Wenn Du net hilfſchſt, iſch's koi' Profit!
Näh Du nö tapfer ³⁾ ſelber mit,
So kanſcht Der manches billig ſtella.
Und d' Mod mitmache — muaßſcht's nö wella!
Und wenn De Waſch haſcht, ſorg' für Kohla,
Laß ſ' net am Bügeltag erſcht hola.

---

¹) vorher.   ²) auf das Suchen ausgehen.   ³) fleißig.

Du muaßſcht für Alles Sorge traga,
An Alles denka, Alles ſaga.
Wenn i e Ma wär, i thät nie
E Mädle ¹) zanke, immer ſui.²)
Sui iſch die Frau, hat a zugeba.
E Dienſchtbot' iſcht e Dienſchtbot' eba.
Guck, 's gitt jetzt ſo viel g'lehrte Fraua,
Daß mer en Angſcht kriagt und e Graua.
J will ja ney dergege ſaga,
Gega die neue Frauefraga.
J ſag au ney, wenn oine ledig,
J moin nö' grad, ſell wär net nötig,
Daß ſo viel' Mädle jetzt ſtudiera.
Wer ſott denn dö de Haushalt führa,
Die Kinder b'ſorga und verpflega?
Und Kinder ſend a Gottesſega!
So a G'ſtudierte — laß me aus —
Dia iſcht emol ney meh fürs Haus.
E Bilding freilich muß mer ha' —
J möcht au koine, die ney ka.
Es gitt an goldna Mittelweg —
's iſcht freilich nö e ſchmaler Steg —
Den geh! Guck, i ha ney dergega —

----

¹) Dienſtbot.    ²) ſie.

's ischt schön — wenn D' malscht und spielscht;
                    meintwega
Des därfscht Du tho zu älla Zeita —
No sott neß anders drunter leida —
Net Deine Kinder, net Doi Ma.
A sotta Frau, dia Boides ka,
Dia laff' m'r g'falla, d'escht de recht',
Des ist de oi'zig, dia i möcht.
Drom merk' D'r's wohl und präg Der's ei,
Sei häuslich; häuslich sottescht sei'!

— — — — —

Und laß Der nö von Niemand raube
Dei guate, ächte Gottesglaube.
Wie er na isch, des isch mer ois [1]),
Der wel [2]) der recht' isch, sell weiß Koi's
Du brauchscht drom koi Betschwester sei
Und au scheihheilig net, o nei!
Im Herze muascht Dein Glauba traga,
Und, weißscht, des muaß i offe saga:
Bei Fraua kan's mi ganz verletza,

---

[1]) Das gilt mir gleich. [2]) welcher.

73

Wenn se so gottlos Zeug rausschwätza.
A Frau, des ischt emol koi Ma.
J leg an and're Maßstab a;
Und was beim Ma' manchmal verzeihlich,
Ischt bei der Frau, sag i, abscheulich.
Die Männer, weißscht Du, die studiera,
Die regelrecht philosophiera,
Die send emol aus anderm Stoff;
Du aber bischt koi Philosoph.
Drom merk' Dir's wohl und präg Der's ei:
Stets fromm und gläubig sottescht sei'!

Und daß De treu bleibscht, liabe Zeit!
Ischt Dei verfluachte Schuldigkeit.
Des hascht Du gschwora am Altar
Und nö am Standesamt sogar.
Er au, sott's grad so macha, freilich,
Und thät er's net, des wär abscheulich.
J wünsch Der recht en brave Ma —
So brav mer'n ebe habe ka;
D'rom werd au Du a rechte Frau
Und mach's, wie i Der's g'sait ha, g'nau.

Guck, in Dei neues Ehstandsleba
Will i Der no' e Sprüchle geba:
„Erscht Weib und Mutter, Hausfrau sei
Und älles And're nebebei."
D'rom merk' Dir's wohl und präg Der's ei:
Recht brav und treu — so sottescht sei"!

# Inhalts-Verzeichnis.

[1] Marmelade.  [2] Kartoffel-Torte.  [3] Pfannkuchen. Suppe.  [4] Hagebuttenkern-Thee.  [5] Linsen.

[1] Quitten-Schnitze.　[2] Ragout von Kalbsbries.　[3] Johannisbeerwein.

Zeitfracht Medien GmbH
Ferdinand-Jühlke-Straße 7
99095 Erfurt, Deutschland
produktsicherheit@kolibri360.de